Éditions Prise de parole
205-109, rue Elm
Sudbury (Ontario)
Canada P3C 1T4
www.prisedeparole.ca

Nous remercions le gouvernement du Canada, le Conseil des
Arts du Canada, le Conseil des Arts de l'Ontario et la Ville du
Grand Sudbury de leur appui financier.

L'AUTRE CIEL

Du même auteur

ROMAN
Nous aurons vécu nous non plus, Ottawa, Éditions
     l'Interligne, 2011.

POÉSIE
Neuvaines, Ottawa, Éditions L'Interligne, 2015 ; prix de
     poésie Trillium, prix de l'Association des écrivains
     francophones d'Amérique.
Le Lycanthrope (collectif), Gatineau, Éditions
     Premières lignes, 2007.

*L'auteur souligne la généreuse participation financière du
Conseil des Arts de l'Ontario à la rédaction de cet ouvrage.*

*Trente exemplaires de cet ouvrage
ont été numérotés et signés par l'auteur.*

David Ménard

L'autre ciel

Récit

Éditions Prise de parole
Sudbury 2017

Œuvre en première de couverture : Gilles Lacombe, *Patzcuaro et la langue des oiseaux*, médias mixtes, 2013
Conception de la première de couverture : Olivier Lasser

Accompagnement : Chloé Leduc-Bélanger
Révision linguistique : denise truax
Infographie : Camille Contré
Correction d'épreuves : Camille Contré et Suzanne Martel

Diffusion au Canada : Dimedia

Catalogage avant publication de Bibliothèque et Archives Canada
Ménard, David, 1984-, auteur
L'autre ciel / David Ménard.
Publié en formats imprimé(s) et électronique(s).
      ISBN 978-2-89744-072-5 (couverture souple).
      – ISBN 978-2-89744-073-2 (PDF).
      – ISBN 978-2-89744-074-9 (EPUB)
I. Titre.
      PS8626.E525A88 2017   C843'.6   C2017-904682-9
                                                       C2017-904683-7

ISBN 978-2-89744-072-5 (Papier)
ISBN 978-2-89744-073-2 (PDF)
ISBN 978-2-89744-074-9 (ePub)

À l'Autre en vous

à quoi ça sert de parler d'amour
si on tue l'autre de toute manière ?
Hélène Monette, *Là où était ici*

Devant mon miroir j'ai rêvé d'être une star
J'ai rêvé d'être immortellement belle
Ce soir j'irai voir à travers le miroir
Si la vie est éternelle
Luc Plamondon, *Starmania*

PROLOGUE

L'AUTRE CIEL

Pour se faire autre sur le chemin de croix
il faut détruire le jour, le réinventer et épargner la
nuit
peindre le rien, à l'envers, pendant cent ans, dans
les tombes
maintenant, dans le silence, de l'autre côté du
bonheur

pleurer le matin
et en prendre soin comme d'une poupée
pour toutes les aurores manquées
naître à soi, comme un printemps
prier pour les rivières d'heures oubliées

il faut tendre la main dans le noir
effleurer des poussières de froid
gratter le papier
le percer de la pointe de son crayon
vivre de morts d'encre stellaire
rester aussi ouvert qu'un tombeau

et se faire une place aux côtés du Poème
dans l'autre ciel

CHEMIN DE CROIX, CHEMIN DE PLEURS

STATION 1

Marie-Madeleine prend le train pour les États-Unis

avril lui ressemble, le printemps est fatigué, la neige est mouillée et le Carême aussi

dans le train, les sourires sont sincères ou moqueurs

le train passe non loin de vieux quartiers

elle tend le bras vers la fenêtre et ouvre la main vers l'horizon

elle effleure une maison dans le paysage pour réchauffer sa paume gauche

au-dessus d'elle, le ciel défile, grand, bleu marin, et torrentiel

le ciel s'offre telle une offrande immense

Assise dans son siège, Marie-Madeleine
dénombre et classe les putains

il y a celles au cœur tendre, les naturelles qui
s'assument complètement et qui ont les
meilleures histoires de baise à raconter

il y a celles au cœur vide et tordu, qui n'ont que la
conquête pour motif

il y a celles au cœur torturé, qui sont perdues et
qui sont, en vérité, des imposteurs qui peuvent
aller se rhabiller

il y a aussi les autres…

celles qui pensent bien plus qu'elles ne
comprennent

celles qui ressentent bien plus qu'elles ne
touchent

celles qui savent que, pour survivre, il faudra se
parler beaucoup, avoir de longues conversations
avec soi-même, se poser les bonnes questions,
mais surtout se donner les réponses

celles qui se découpent des paysages dans
lesquels elles ne brillent pas noir

celles qui tentent de laisser de côté les cieux hors
service et qui espèrent ne plus penser aux jours
froids où la neige ne tombe que pour elles, sans se
soucier du temps nécessaire pour ruisseler de
lumière et vivre mieux

celles qui se martèlent la tête pour oublier le vent
sur lequel elles ont trop soufflé

celles qui se dessinent au-dessus de la cime des
arbres, où les plus hautes feuilles tanguent dans le
bleu du ciel

celles qui tracent des soleils qui ne se perdront
jamais et qui, dans leurs dessins, se font voler et
danser parmi tous les anges qui sont passés entre
les amants qu'elles auraient voulu aimer plus
longtemps

celles qui se donnent des couleurs qui ne leur
ressemblent pas et des traits qui ne sont pas les
leurs

celles qui, quand le cœur leur en dit, se dessinent avec des rois aux royaumes turquoises et violet rose électrique

celles qui se peignent en blanc au-dessus des horizons de leur choix

celles qui s'imaginent dans des contes de fées où elles seraient ou princesse ou bête, le charme ou le sortilège

et celles qui savent que, pour les fragments, il y aura toujours les balais ; que pour les ordures, il y a d'autres mal-aimés ; que pour les néants, il y a les combles et que pour les meurtrissures…

il y a le temps

Et il y a Marie-Madeleine qui traverse son époque
de pieds à baiser

elle est passée de l'amour à la prostitution,
comme on passe du purgatoire à l'enfer

Marie-Madeleine quitte la gare, prend un taxi et
check-in dans une clinique américaine où l'on
connaît le sexe des anges

ce soir, elle s'est condamnée à se mettre en croix

ici, dans sa petite chambre, on a l'habitude des
cœurs malades comme le sien

en prévision de son traitement, on lui a donné
des calmants

la tête lui tourne, elle a failli tout avorter un peu
plus tôt

la peur l'a envahie, elle ne savait plus si elle
voulait aller jusqu'au bout

elle a dit au docteur qu'elle préférait mourir

sauf qu'elle meurt depuis trop longtemps déjà

depuis qu'elle est jeune, elle se tue souvent, dans
son cœur, dans sa tête, à la maison, sur terre,
dans le ciel

elle se cisaille l'âme

elle est une princesse de mille et une crucifixions

Elle trépasse souvent, pour chaque inspiration,
pour chaque expiration

elle a son propre meurtre au ventre, elle porte sa
haine d'elle comme collier, elle a son Antéchrist
entre les doigts, comme un chapelet

elle excelle aussi dans sa torture, et dans les
ordures

c'est intolérable, mais les éboueurs passent
souvent

elle a des amis qui souffrent dans sa mémoire et
des chansons de larmes qui résonnent dans
toutes ses églises

elle a un chien qui aboie dans tous ses souvenirs

elle est venue ici pour mourir, parce que ses
étoiles ont besoin d'autres cosmos, parce qu'il
doit bien y avoir d'autres fenêtres

elle rêve d'ailleurs meilleurs et elle se déverse
dans des mers qui existeront à d'autres époques

Ses espoirs sont bibliques

et le cœur de son époque est une guillotine
rouillée

elle a, si peu

elle veut, grandiose

Marie-Madeleine écrit ses visions du paradis et cultive un jardin pour ses cris

elle connaît l'écume mauve électrique, les cieux titane, les antidotes séchés et la mer et son contraire

elle pleure de corps en corps

elle cherche le troisième revers de la médaille et de nouveaux mots pour dire le rouge

elle écrit les couleurs, les étoiles et capture la foudre dans un bocal

elle écrit dans le ciel ce qu'elle n'ose lui dire et demande aux feuilles de lui apprendre à ramper sur l'asphalte

Elle mesure ses vertiges au sablier

l'ombre la regarde dans la lumière et la prend par
la main

poignées de pétales d'ozone

elle contemple des rivages dans tous les yeux
marins

elle joue souvent avec les ombres sur les murs,
leur broie du noir

elle s'emmêle dans les ficelles obscures

Elle est si mêlée qu'elle fait des nœuds dans le ciel

Elle voudrait des Perséides amovibles, des chansons de météorites, le bleu des autres, des ombres de cristal

elle voudrait déranger le ciel, traverser toutes les fenêtres, plus de trajectoires chaudes

elle voudrait être ivre de portes ouvertes aux tempêtes de demain

STATION 2

On va bientôt la charger de sa croix

l'infirmière lui a suggéré de s'adonner à une
activité de détente, alors elle écrit

un inventaire s'impose, elle rédige un journal

elle le fait un peu à la façon d'Anne Frank, elle ne
s'adresse pas à Kitty, mais à Mamie

elle a besoin de s'éclaircir et de faire l'holocauste
à ses images

quand elle aura fini de faire de la lumière sur ses
voies impénétrables, elle les offrira à sa grand-
mère

elle n'en sera pas illuminée, mais ça la
désennuiera dans sa chambre d'hospice, où on l'a
enfermée depuis qu'elle a du talent pour l'oubli

Marie-Madeleine écrit tout... le demi-ciel en
colère, les plaines, le temps, une fessée des anges,
de vieux démons réveillés, des tempêtes à avaler,
des sécheresses à pleurer, des secondes affilées et
pointues dans les veines, des soleils et des nuits
d'autrefois

Dans sa ville, Marie-Madeleine se demande
toujours si les passants qu'elle croise la voient
telle qu'elle est : une prostituée nouvel âge qui se
déplace au gré de ses haut-le-cœur et qui reste au
pied de toutes les croix

elle porte ses précipices comme des vœux entre
les mains et sa maigreur, comme une médaille

elle sent le poids de toutes les lourdeurs sur ses
épaules

son mariage avec la poussière célèbre son énième
anniversaire

elle sait que l'âme est désuète depuis longtemps
et qu'elle a déjà son purgatoire

les corps, le botox, le collagène et les implants
méritent d'être célébrés avant d'atteindre le
crématorium

aromates en main, elle n'en finit plus de se
rendre à son propre tombeau pour achever son
ensevelissement

les vœux d'amour tournent au-dessus de sa tête
comme un vieux ventilateur et le vent entre dans
son cœur comme dans un moulin

elle frotte souvent sa peau pour la forme, en
sachant bien qu'on ne peut secouer l'abattement
millénaire

Marie-Madeleine habite un rien de temps
un ici où les coins de rue dorment à poings
fermés
où seul le givre sur le cœur tient encore ses
promesses

elle écrit le bonheur comme les oiseaux volent
dans le noir
chaque silence est un monologue à apprendre par
cœur
chaque instant est une sombre œuvre d'art

elle a la glace pour tout monument
le gris pour toute couleur
le vent pour toute chanson

elle a martyrisé les atomes
supplié le mal
et fait fondre tous les démons
en mordant le soleil en plein jour
près des histoires à brûler

elle longe les murs en espérant d'eux une prière
et pleure tant d'ailleurs
là où le sel est roi

elle aime des empoisonneurs bien portant
les bras baissés jusqu'en enfer
le rouge à ses pieds
les poèmes entre les dents

Marie-Madeleine est femme de rien
pénitente de soleil
lave de larmes
tracé de ciel et de torrent
courant d'épines
poussière de prophétie
aurore de cercueil
perle de sarcophage
rivière de cimetière

STATION 3

Les soirs de printemps, au lieu de craquer des allumettes et d'incendier des milliers d'ailleurs imaginaires, Marie-Madeleine part baiser en catastrophe et, chaque fois, elle se donne à ses clients comme si c'était la dernière fois

sur la toile, où elle opère, elle se laisse choisir comme la plus belle pièce au comptoir des viandes chez le boucher, même si ce ne sont pas tous les hommes qui aiment les femmes comme elle

le client en devenir est parfois un tendre gros méchant loup, un gentil ogre, un dragon tout feu tout flamme qui ne se gêne pas pour lui vendre la mèche, en lui exhibant sa queue fourchue en photo

et c'est un véritable conte pour enfants

Elle enfourche sa bicyclette et essaie d'aller livrer
la marchandise sans trop pédaler dans le vide

elle disperse ses battements comme des sous
noirs sur le trottoir

elle en donne à des cœurs itinérants, comme ça,
pour faire front au karma

Dès qu'elle parvient chez le client, ses étés se dessèchent dans le climatiseur et dans sa gorge

les saisons changent et son cœur a le baromètre détraqué

les gestes sont de mise, alors elle mise sur la nuit

la courtoisie est sur la morphine, le désir est sur les antidépresseurs et la flamme, sur les barbituriques

la galanterie se retourne dans sa tombe et les regards sont embaumés

les mains ne sont pas à donner et les mots dansent comme un pied

elle se penche sur les corps anonymes pour faire la pécheresse sexy, ses mains tentent d'incarner le désir, et c'est le *burn out*

elle est un cerveau exacerbé aux transmetteurs à *off* et aux synapses en grève, un corps fatigué

elle sait qu'elle n'est rien

Il s'appelle généralement X-Y-ou-Z-enchanté-
monsieur

il a une odeur de fond d'armoire ou il sent les
épices défraîchies, le parfum d'occasion ou la
sueur

il souffre d'un cancer de la beauté généralisé ou il
ne ressemble à rien

il a des mains qui ne peuvent cacher le visage, il a
des émotions soudoyées, des yeux qui savent ce
qu'ils veulent, des yeux revenus de tout, et surtout
d'elle

Il a la peau douce, mais sourde

il a la voix posée, mais inaccessible

il a les mains ouvertes, mais muettes

il a le sexe aveugle, mais exigeant

il goûte le trésor qui n'en est plus un

c'est une blague qui ne fait plus rire personne

un rêve qui ne fait plus voyager

un frisson fatigué, un soubresaut indifférent

Quand elle performe chez elle, elle s'accroche aux allées et venues du voisin

par la fenêtre, elle le voit parfois sortir les ordures de l'autre côté de la rue

elle connaît sa vie, bien qu'il ne l'ait jamais rencontrée

le lavage le lundi, le recyclage le jeudi

il fait l'amour à une brune le vendredi soir et à une rousse le dimanche, et quand il n'y a pas de lumière dans son appartement, elle souffre terriblement

X-Y-Z-enchanté-monsieur ne la regarde pas, car il n'a jamais vu personne, ni lui-même

les yeux vides, il erre quelque part entre l'ombre de ses souvenirs et ses rêves éteints derrière ses yeux clos, il ne s'en remet pas au désir, mais à l'idée qu'il s'en fait, à ce mirage de délices parfaits et bandants qu'il parvient à recréer lorsqu'un orgasme s'impose, que sa proie soit capable ou non d'être une biche en chaleur, un chérubin exigeant le diable, une fausse vierge offensée, une jeune tentatrice prise au piège, une enjôleuse réclamant d'être ensorcelée, une femme fatale demandant à se faire envahir

Marie-Madeleine s'écrase dans le lit comme une goutte de pluie dans la mer

les océans ne sont pas moins durs à porter pour les épaves gisant dans les profondeurs

pourtant, se faire submerger devrait être si facile quand on a la face dans la vase depuis longtemps

de l'autre côté de la rue, le voisin a le regard perdu dans sa télé

ses yeux sont fixes, comme s'il s'accrochait à une prière mourante ou à un vœu égaré

elle oublie parfois que la tâche est grande, que l'amour et le sexe sont deux routes parallèles et que, dans son métier, il n'y a pas de chemin de traverse à ouvrir entre les deux

l'amour et le sexe sont deux gigantesques ballons qui flottent dans le ciel ; l'un est rempli de cœurs saignants et l'autre, de soleils aveuglants

et elle oublie souvent qu'elle n'est pas là pour l'amour

Ses doigts deviennent paralysés

elle ne sent rien, ni les mains inconnues qui
parcourent son corps engourdi et froid, ni les
lèvres molles qui écrasent les siennes en exigeant
frissons et tressaillements

les séducteurs réclament des preuves du désir,
elle peut leur en donner les yeux fermés, car elle
ne sait plus regarder

mais elle comprend, elle saisit que X-Y-Z-
enchanté-monsieur ne cherche pas tant à baiser
ou à aimer qu'à consommer l'urgence qui tenaille
le vide des affligés millénaires

alors qu'elle se donne, elle ne sent rien qu'une
sensation stérile, froide, clinique

le pilote automatique devient utile, et elle
emprunte à son passé ces gestes que d'autres ont
eus pour elle ; d'autres qui l'aimaient trop, mal ou
pas du tout

de l'autre côté de la rue, les yeux du voisin sont
irrémédiablement ouverts devant sa télé qui
s'essouffle

ses yeux globuleux ne connaissent aucune éclipse

l'espace qui sépare leurs deux immeubles se
moque de tout, il connaît mieux, il sera là en
dernier, il sera toujours là

X-Y-Z-enchanté-monsieur est à genou, devant
elle, les mains agrippées à sa taille comme à une
bouée de sauvetage, prêt à l'inonder, à la noyer
avec lui

une fois le naufragé à bon port, il lui demande à
boire, alors elle lui sert un verre

il boit et lui demande la permission de le déposer
sur sa commode alors que quelques instants plus
tôt, il se déversait allègrement en elle sans lui
demander son avis

dehors, les sirènes des voitures de police
chantent, les voitures violent les flaques d'eau et
de l'autre côté de la rue, le printemps et le voisin
toussent

Le client en redemande

elle est presque en elle
comme une reine à côté de son trône
qui *soleille* noir
bleu et jaune

elle est à côté d'elle
comme une esclave de toutes les soifs

les brûlures sont de miel
le plaisir est là, la tue
il passe par les failles de ce jeu qui n'en est pas un
la honte et le plaisir se livrent un terrible duel qui
ne se termine jamais

la chair finit toujours par exiger sa part de
septième ciel
et le pardon vient lorsqu'elle se détache de tout ce
qu'elle fait
avec ce corps qu'elle crucifiera
dans un temple de blâmes et de louanges
dans un poème blanc

elle se fait violence en se défendant d'aimer
X-Y-Z-enchanté-monsieur
son nom véritable ne peut être que celui de la
faim qui justifie les moyens

l'anneau qu'elle porte à l'annulaire gauche
devient ce nom qu'elle refuse de retenir
elle le retire secrètement et le dépose sur sa
langue
alors que son client l'aime comme une antienne
de communion oubliée

elle roule le bijou sur sa langue, comme une perle
de cendre
elle l'avale comme une hostie, dans un acte de
décommunion absolue
comme on dévore toutes les apocalypses et les
cieux rouges
pour se rappeler qu'elle a une cause qui lui tient à
corps

Le client part avant même que le voisin ne se
mette au lit, la laissant avec l'odeur de son corps
entre les doigts

elle crache l'anneau comme on vomit les océans

le bonheur se déglutit mal lorsqu'il nous
concerne si peu

elle se lave, se parfume et consomme presque
tous les remèdes du monde pour rester en santé,
la calamine sur le cœur en moins

l'absurde bat son plein et de l'autre côté de la rue,
le voisin éteint pour la nuit et elle se borde le
cœur qui s'étire de son rien

STATION 4

Mais ce soir, elle ressuscite dans une clinique

elle est une crucifiée de silicone

sa douleur est silencieuse, bien qu'elle puisse
parler, elle a une langue de corps, un langage bien
à elle

elle ne voit que le visage de sa grand-mère au
milieu d'une marée de gens possédés

son visage, immobile, devant elle, comme une
apparition

son visage qui la respire comme seules les étoiles
savent le faire

son visage pour seule vérité, pour tout phare dans
le sablier, comme une seule prière bleue

elle a le chapelet de sa grand-mère entre les
doigts

elle délire, peut-être pas

le cœur se bat, l'éclatement s'attribue un ordre

elle vit un temps fait de toutes les saisons, le fleuve, à l'entrée du soir, passe le flambeau à la canicule, l'hiver est comateux, l'été s'attise, l'automne est en grève et le printemps n'est plus sous la garantie

son anniversaire a eu lieu il y a trois jours

aujourd'hui, c'est la mort, la sienne

habits noirs, robes grises, orgue tragique, chuchotements, mornes cercueils, œillets blancs, regrets impardonnables

kyrie eleison

Sa vraie renaissance se fait attendre

elle a le visage de sa mère, les mains de son père,
le squelette de ses amants, la voix de son grand-
père

elle a tous les crimes de ses ancêtres entre les
doigts, les étoiles filées et écrasées aux pieds de
ses anges gardiens, les pieds dans une marge
noire qui n'existe plus

elle a l'écriture de sa grand-mère, les mots d'une
suicidée sur un satellite

elle fera tomber du ciel une pluie de chagrins
roses

elle veut tellement, elle meurt trop

La clinique est son temple

on la dérobe à ses vêtements, on lui lave le visage

l'infirmière lui apporte à boire

elle boit la lune, la lumière

des révélations silencieuses coulent sur elle
comme un torrent

l'amour est toujours une prière

le bonheur grogne et souffre dans ses mains

les poissons chantent le matin et les méduses
volent dans le ciel rosé

la poussière danse dans le creux du jour et le
soleil continue de se mouvoir dans l'obscurité

Elle a mal à la tête et l'infirmière se fait prier

elle a décidé de changer pour être aimée comme
si elle était une autre
pour s'aimer comme si son image était vraie
parce que l'amour est la plus sélective des
évolutions

un, deux, trois
elle se kamikaze pour l'amour
pour rouler ailleurs
pour cesser d'être écume
une noyée de ciel sur un parquet d'étoiles de mille
incertitudes étincelantes
une utopie du noir
une fleur de fanure dans les relais de l'azur
sur les Comores du temps

pour ne plus déchirer le jour

pour qu'on lui lave les yeux très bleus

Les yeux veulent des miroirs
du teint brûlant
pour affronter bien des reines de palais des glaces

elle les enroulera dans des toiles d'araignée pour
retisser le passé

pour capturer le temps
pour écouter le blanc
pour compter les regards

Elle veut danser sur la pointe du bistouri parce
qu'elle a trop pleuré dans les sucriers
parce que Juliette se fait vieille sur son balcon
et que les trois points de suspension la suivent
comme la mort

elle connaît trop la poésie du visage caché dans
les mains

et le manque qui métallise tous les sens

Alors elle a ramassé le crayon sur la route, dans la neige

avec cette idée d'écrire le froid autrement

pour dessiner son propre évangile, comme les saints ont écrit le leur

et écrire les copeaux de frimas, le givre de plomb, les retailles et les phares gelés, les cristaux de lumière

et les lampadaires à blâmer comme les églises

STATION 5

En ville, Marie-Madeleine a pour client Simon, un animateur de bulletin télévisé

il lui fait toujours savoir qu'elle a un drôle d'air

c'est vrai, Marie-Madeleine a toujours une drôle de gueule quand elle l'a dans celle du loup

elle est là, devant lui, essayant d'entamer une petite conversation d'usage et il ne l'écoute pas

il ne la regarde pas non plus

les yeux vides, il erre quelque part entre l'ombre de ses souvenirs et ses rêves éteints

il s'affaire dans le slip de Marie-Madeleine

il joue à la poupée avec son sexe et elle n'est pas concernée

il ne dit rien, ne lui demande rien

son sexe est aussi beau et aussi triste que son regard

la fougue stellaire de cavalier des mille et une nuits dont il avait fait preuve sur Internet pour la dépêcher dans sa chambre d'hôtel contraste avec ses sons buccaux et ses multiples « *Oh my God* » qui dérangent le silence

sur la toile, il avait les paroles d'un conquérant et dans son lit loué, il a les yeux d'un condamné, les épaules du Christ sur la croix et les mains d'un vieillard

prophète d'air

il a l'haleine de café brûlé que tous les *morning men* doivent avoir

il l'embrasse comme s'il cherchait en elle un souffle de vie

baisers d'air

Il lui demande si elle fait « ça » souvent

non, elle ne fait pas ça souvent

elle baise rarement avec des journalistes, des
teneurs d'images mornes qui sont aussi
passionnants qu'une campagne électorale mal
commentée

mais il y a longtemps qu'elle trinque avec la mère
des hommes, qu'elle flotte bien plus qu'elle ne
vit ; qu'elle espère que tout cesse bien plus qu'elle
n'espère la tournée des vents

elle prie bien plus qu'elle ne rêve

Il baise comme une page de faits divers, comme il rapporte une nouvelle à la télé, les gestes sont de convenance

il la regarde comme un plat de pâté chinois surgelé qui satisfait l'appétit, mais pas le désir

le cœur enfle et les hommes jouissent les yeux fermés

car le désir est un désert où dorment bien des kamikazes au cœur meurtri

il ne concerne jamais l'autre et ne dépasse jamais la frontière des paupières

Et Marie-Madeleine, comme toujours, elle jouit comme elle prie, les yeux ouverts, parce qu'elle sait que c'est par le regard qu'arrivent les plus grandes déceptions

c'est par les yeux qu'on explose, parce que la vérité se porte seule ; parce que les croix et les prières sont lourdes devant le destin qui pleure et le présent qui aboie

elle jouit en pensant à des crépuscules d'autrefois, à des oies noires, à nombre de prières égarées, à des hivers aux arbres détrempés, à des néons éteints, à des rages de mers mortes et surtout, à des parfums séraphiques

les yeux ouverts, elle se crée un amant aux yeux opales, un homme à chérir comme un linceul et à oindre les soirs d'hiver

Elle jouit en caressant le pendu, pour être aimée,
pour être aimable

en s'agenouillant devant ce qui est plus grand
qu'elle

en suppliant des regards, des lunes

en s'accrochant à des instants obscurs qui se
voudraient presque hors de la pénombre, à des
moments d'été parfaits

STATION 6

Marie-Madeleine flotte entre ses draps parfumés
au lithium et au lorazépam

elle délire et voit sa grand-mère lui essuyer le
visage

dans sa tête, le ciel d'été chez son aïeule,
chapelets de nuages, volées d'oiseaux rentrant au
bercail, spectacle crépusculaire, convoi voltigeant
par masses vers le Sud, constellations planant
dans le ciel, plumes foncées ornant le
recueillement, prières volant vers le soir

Son cœur roule dans des fleuves de sel

son destin se fatigue dans les restes des aurores
boréales

elle tue le soir pour une dernière fois
jusqu'à ce que les secondes saignent
jusqu'à ce que les minutes expirent
jusqu'à ce que les heures s'incendient

le ciel joue à la marelle
et les diables dorment le cœur sur la fourche

elle revisite ses fanures
entre les pas, les anges et les sourires battus

pour se ficeler à l'espoir

STATION 7

Marie-Madeleine a Lazare pour meilleur ami

il la trouve belle, comme on trouve belle une
image sainte

Lazare veut trop, trop souvent

Lazare s'époumone à trouver le valentin de tous
les amours

malade d'amour, la poudre aux yeux, buvant,
comme elle, les bouteilles qu'il doit jeter à la
mer…

Lazare à réveiller tous les matins, à faire revenir
d'entre les morts

Lazare, une peau de crocodile croyant fermement
à l'Arlequin des temps postmodernes

Lazare se frottant sur les corps anonymes des
dancefloor de la ville

il veut sa part de Léo Ferré, elle veut être autre

et tous deux veulent goûter au paradis

La Marie-Madeleine qu'il connaît trinque avec lui dans les bars

elle a son apparat de Betty Boop pour plaire, elle n'en finit plus de se parfumer pour s'offrir à des clients ingrats

mais elle doit laver les pieds des autres à qui mieux mieux pour amasser la somme d'argent dont elle a besoin pour être heureuse...

et pour boire

boire pour aimer, boire pour oublier

boire le ciel

Marie-Madeleine et Lazare ont un faible pour le vidéoclip où Nicole Croisille interprète *Une femme avec toi* vêtue d'une robe de satin vert aux allures de peignoir

elle a trouvé refuge auprès de garçons qui brandissent des drapeaux arc-en-ciel

comme elle, ils connaissent l'asphalte clément, le temps brutal et les pluies qui tombent acides et querelleuses

ils sont ses frères honnêtes qui l'aiment comme
elle est

ensemble, ils aiment, femmes, hommes, fleurs
séchées et cœurs périmés

Et tous deux s'aiment bien parce qu'ils connaissent trop les cieux marins, les sanctuaires de pétales, les croisières de sable et les lunes d'éthanol

ils n'en finissent plus de tomber sur des corps, toujours des corps à adorer maladroitement, aveuglément, salement

dans des lits de brouillard, sous l'œil du ciel

pour rien, pour du tendre soir

pour la poésie du sel

STATION 8

Marie-Madeleine et Lazare s'apprêtent à partir
sur une virée

ils sortent les ordures et mettent leurs morsures
au frais

ils oublient leur *luck* dans le porte-clés et leur
cœur sur la patère

ils mettent le soir au congélateur et le temps à la
morgue

ils laissent mourir Dieu avec les moutons sous le
lit et bordent l'Antéchrist

ils sortent consommer le soir à la Chapelle
hertzienne, où tous sont sur la même longueur
d'onde

Dehors les princes font la file à la SAQ
et les oracles se crèvent les yeux

le diable se fait attendre au *coat check*
Dieu paie un gros *cover*
les dragons sont doux sous les projecteurs
les princesses sont voraces entre les larmes
tous les rois sont fatigués
les suppôts ont tous les diamants
et Marie-Madeleine emprunte ses yeux aux
stroboscopes
pour mieux se mêler à la foule

parfois se frotter contre des corps, c'est tout ce
qui reste pour survivre ou pour se tuer

ils dansent dans une jungle de polyester
visages électriques
drogués de lumière
vicaires de noyades blanches
fleurs de néon
red
bonbons gigabits
marais bleu
carnaval de gris
noyaux de triangles
jaunes savane, cicatrices de jouvence
taches de vin sur la ville

Marie-Madeleine et Lazare se faufilent dans les
dark rooms

Ils observent ceux qui jouent au *strip* poker

Marie-Madeleine et Lazare maîtrisent les règles
du jeu, mais leur désintérêt est complet

ils ont compris que la nuit est une dame de cœur
saignant, que les joueurs de l'As n'ont qu'à
choisir l'atout et piquer le cœur de leur choix

les autres ne font jamais la paire et passent

ils ont l'âme sur le carreau
perdent la levée
et leurs cartes tombent
et pourrissent sous la table

Marie-Madeleine et Lazare ferment le bar

ils dansent dans les parkings parmi les corps de
prêtresses assassinées des millénaires plus tôt

il prend des photos avec son iPhone, elle compte
les morts sur MétéoMédia

au loin les pylônes jurent la vérité, toute la vérité,
rien que la vérité devant foudre et marécages, et
Dieu comptabilise ses heures supplémentaires

Lazare se moque des étoiles et Marie-Madeleine
craint l'aube bien plus que l'on craint les
apocalypses

au petit matin, Lazare part faire l'amour dans des
émeutes oubliées et Marie-Madeleine rentre chez
elle pour tomber d'un autre ciel et éponger des
cimetières

STATION 9

Marie-Madeleine ouvre la porte de son
appartement en petite tenue

son client y voit là une preuve de désir irrévocable

elle a rodé le spectacle pour qu'il soit jouissif et
expéditif

la corrida du désir kitsch, une chorégraphie dont
chaque mouvement est prévisible

le client y croit, il veut aimer et être aimé, point

son client est américain, mexicain ou iranien… Il
s'appelle Justin, Alberto ou Ramin…

si tous les dieux ne font qu'un, les amants et les
clients aussi

Lui et son désir d'être aimé la regardent dans les yeux

ses mains cherchent à se sentir à la maison dans son slip

mi casa es su casa, lui dit-elle

Roland et sa chanson seraient si peu fiers

il lui demande de le caresser comme un enfant

il la tient dans ses bras comme si elle était un ange gardien, alors qu'elle se sent coupable de le mener tout droit vers le sacrifice

pauvre Alberto

elle joue si bien la comédie qu'elle arrive à se croire

Ramin la supplie de passer la nuit avec lui

il dit l'aimer, vouloir la sauver

mais Marie-Madeleine sait que la commune des putains trouvera son bourreau nu et désarmé, au creux du ténébreux vide urbain

elle trouvera le cavalier qui lui revient affalé quelque part entre le mal et un désert d'étoiles éteintes

Justin lui donnerait le Bon Dieu sans confession, mais Marie-Madeleine se donne les limbes pour toute absolution

elle lui dit de faire comme elle et d'aller voir ailleurs si elle y est

il part en pleurant et elle tombe dans son lit souillé de leurs bruits

elle ne peut faire le vide pour s'endormir, elle l'a déjà trop fait

STATION 10

Marie-Madeleine avait Judas pour amant

un guerrier noir, un chérubin de charbon

tous deux se regardaient comme deux prophètes
usés, comme deux enfants qui ne savent plus
jouer, mais qui veulent encore gagner

ils avaient mal aux chimères et ils savaient aboyer
aussi fort que les étoiles crachent leur lumière
dans la nuit

Judas avait les mains vides et malheureuses, les
paupières, les épaules et les bras baissés

il avait le nez et le souffle creux, des yeux bleu
urgence, surpeuplés de prières enneigées qui
savent donner froid dans le dos à n'importe
quelle grande forcenée en quête d'absolu

entre eux, le feu, la fièvre, la soif

ils se dépouillaient de leurs vêtements et
tombaient sur le plancher comme des pétales au
soleil

il savait palper la faiblesse de ses bras qui ne
pouvaient l'arracher à lui

elle tombait dans les siens comme une martyre et
la méfiance fuyait sous le lit

ils s'abritaient dans leur foi mutuelle sous le
crucifix qui ornait le mur

ils s'embrassaient insatiablement, comme pour
se baptiser une seconde fois, comme seuls les
enfants d'une mère savent le faire

Dans ses yeux, elle a vu ce qu'elle avait toujours vu

elle a vu bleu, magie nucléaire et inespérée,
ficelles de rires, rides de chemins perdus

souvenirs d'étreintes, épaules pour tout refuge

il n'avait pour corps qu'un visage, des traits à
offrir, des orages d'hiver et des retours vers
l'inconnu

veines d'abandon, ombres de désirs, regards en
éclipse et paroles brûlantes

dans ses yeux, la promesse de leurs verres, des
torrents d'aveux inavoués, leurs frissons sucrés,
leurs mains soudées, l'air chaud entourant leurs
battements, le choc de la rencontre de leurs reins
et leurs démons sur le réchaud

dans la chaleur de leurs corps unis, leur nudité
pour toute sincérité, son corps contre le sien pour
toute rencontre avec le ciel, leurs larmes en fugue
pour tout gage de chaleur ; des averses de soleils
et de lunes s'abattant sur leurs épaules

et des murmures, caresses de paroles dans son
oreille, pour toute promesse de vie

Leurs cœurs étaient des boucliers diaphanes
des balles de plomb rouge
leurs têtes, perdues dans des spirales brouillées

leur amour sous x bleus
leurs tempes électrisées de roses
du jour à refaire pour toujours
rocailles d'ailes
caresses de nectar blanc

ils couraient dans des tressaillements de veines
fatiguées
au cœur d'artères oubliées, mais torrentielles
il était venu comme un éclaireur d'un régiment
défait
sous une pluie de braises fatiguées
pirates d'eau douce, de coraux noirs
matelots d'eaux usées

amours hydrauliques

Pyromanes secrets

ils faisaient parfois l'amour sous des cieux
incendiés
dans de grands diamants de phalène
petits feux à assassiner, menues flammes à glacer

de ses parfums à ses mains
de ses oreilles à ses yeux

ils dansaient dans la suie
leurs cheminées étaient grandes
ils avaient brûlé les ramoneurs

cœurs de noir, ils s'aimaient nus
dans des pentes raides
les yeux bandés
valsant sur de vieilles poutres

les charpentes s'enlisaient
mais le mal les aidait à garder l'équilibre

Ils étaient à genoux
pour compter les grains de sable qui brillaient

sols

les crevasses leur embrassaient les jambes
les sillons de lune pleuraient
la terre dérapait sur leur langue

ils effleuraient leur création du bout des doigts
et les cathédrales avaient le mal du prochain
siècle

âmes

ils n'auront été que du sang dans l'eau
une coulée de miel rouge dans l'onde froide
pour un toujours d'un seul moment
interrompu
comme un pas dans un ruisseau

même si leurs diamants avaient d'autres cieux

Leur œuvre de chair achevée
il a déposé l'oiseau mort sur son épine dorsale
et lui a demandé de pleurer pour lui

larmes blanches
lambeaux de nuages
chemin de pleurs

il se cachait derrière ses paupières
ses frontières étaient de sel
il voulait être trouvé
jusqu'à la fin du monde, des années-lumière et de
l'atome

mais pas par un ange au sexe masqué

il trouvait ses diamants coupants
lames de ciel
il préférait la jouvence des autres

et la soif

Elle n'a pu trouver dans son cœur ce qu'il avait trop donné aux autres

même si elle connaissait cette partie en lui, sans nom

il ne voulait pas de fille de joie dans sa vie ni de celle qu'elle voulait devenir

elle avait besoin de fric, beaucoup de fric pour parvenir à ses fins

il n'a pas compris qu'il n'y pouvait rien, que le pouvoir et les charmes de toutes les sorcières du monde n'auraient pas suffi à la guérir de son besoin de métamorphose

ses jambes écartées et levées jusqu'aux astres n'auraient jamais su lui donner la part de septième ciel qui lui revenait, qu'elle ait été avec lui ou avec d'autres, qu'elle ait été aimée ou payée pour aimer

son désir de se transformer demeurait intact, vierge, malgré les assauts

depuis longtemps, elle marche seule, tout droit vers celle qu'elle veut aimer

il n'a pas compris que le désir de se faire autre est
une croix que l'on porte seul

la solitude est une leçon bien apprise

Depuis son départ, elle joue à la marelle avec son
nom
ses traces de griffes sur les murs sont ses plus
beaux poèmes

les cœurs sont poivrés
elle déraille sur le papier
s'écrase dans la marge
elle *corneille* dans son cœur
elle s'épine dans le rose
s'efface dans son dessein
et le soleil se *cercueille*

elle est devenue l'antonyme de toutes les églises
elle cultive leurs cendres au jardin
couvre leur lit d'une nappe d'ailes de corbeau

jours de dentelles noires

elle cherche leurs rubis dans des ravins de
pénombre

Elle aurait voulu l'aimer après la tempête, quand
les étoiles se seraient écroulées

elle aurait voulu dire à la mer qu'elle n'était pas
de taille avec leur amour

STATION 11

Dans sa clinique, Marie-Madeleine a le regard et les rêves intubés

l'infirmière l'a laissée dans un fauteuil roulant près d'une fenêtre mal lavée

le printemps se fait mal et elle aussi

dehors, ni la sloche ni le vin ne sont nouveaux, les colombes foutent la paix aux passants et les hirondelles ont la vie dure

le bruit des voitures sur les ponts de fer est l'hymne du nouveau millénaire

la boue s'éternise et le soir, les lampadaires pleurent leur fausse lumière

le ciel est jaune et les rues, bleues

la peinture craquelle sur les briques et attend le jugement dernier

le ciel porte des couleurs qu'elle ne lui connaît pas

la lumière qui l'a suivie est sa seule alliée

elle est là, elle ne la regarde pas, ne l'entend pas,
ne la goûte pas

ni elle ni la lumière ne connaissent la chaleur à
cette heure

elles sont témoins de l'une et de l'autre, mais
elles ne se touchent pas, c'est chacune pour soi

elles ne se comprennent plus, mille fleuves de
lumière pourraient s'ouvrir dans ses yeux, entre
ses doigts, sous ses pieds, qu'elle n'y verrait pas
plus clair, mais elle sait qu'elle est là

les matins chantent les oiseaux et les oiseaux
pleurent des litanies

elle les écoute, elle leur renvoie les prières qu'elle
n'ose garder pour elle

l'infirmière lui apporte de l'eau et d'autres
comprimés

elle lui ordonne de les prendre comme si c'était
un antidote au bonheur raté

Ce soir, Marie-Madeleine sera clouée sur une table d'opération, les bras en croix

son cœur ballote dans la rafale comme la tôle sur le toit d'une vieille maison

il danse comme pour fendre le ciel

aujourd'hui, comme autrefois, elle sait qu'il n'y a que le ciel

le ciel pour se vider, le ciel pour espérer, le ciel à contempler, le ciel à respirer, le ciel pour se saouler, pour se gaver

le ciel sur soi

grande masse éternellement changeante qui, dans son immensité, demeure le seul témoin des affres d'aujourd'hui et d'avant

le ciel pour se balancer

le ciel et son silence pour toute réponse

le ciel pour oublier qu'il n'y a que lui qui réussisse encore à faire frémir, à faire chavirer le ciel, seule entité résistant à l'épreuve du désillusionnement

le ciel et ses masses flottantes, nuages parfumés de temps, vent inlassablement mouvant

le ciel contenant tous les espoirs de ceux qui osent encore le contempler

il n'y a que le ciel qui demeure intact

STATION 12

Le traitement irréversible est imminent

Marie-Madeleine demande un dernier moment de répit aux anges en sarrau blanc

le passé lui tapote gentiment l'épaule, le présent s'appuie lourdement à son bras comme une vieille femme qui ne saurait plus marcher seule

ils avancent lentement, en titubant un peu, pour se rendre à l'autre bout du couloir blanc jusqu'à la porte de la toilette des dames

elle se regarde dans la glace, son reflet est un mensonge

elle craint d'avoir attendu trop longtemps

elle a l'air d'un garçon manqué, d'une Alice éjaculée de l'autre côté du miroir

une poupée monstrueuse

la honte, partout, en elle, devant elle, par-dessus elle et dans ses pas

dentelles, rouge à lèvres et parfums ne peuvent rien contre la laideur qui a fini par déteindre sur elle

elle aurait aimé dessiner ses traits

le temps a fait son œuvre et défait la sienne, le temps s'est refait une beauté et elle s'est enlaidie dans le noir

quelles promesses a-t-elle bien pu voir à travers les fenêtres pluvieuses ?

elle ne sait que se creuser des océans de noir dans les yeux et compter ses poussières au sommet de ses calvaires

elle est une erreur, elle doit sûrement pleurer d'autres terres

elle parle certainement d'autres anges, il doit y avoir d'autres miroirs, il faut qu'il y ait quelque chose de plus

sa confusion est si grande, d'un seul regard elle contaminera de doutes sa deuxième vie

Elle a raté sa vie

elle ne veut rater ni sa mort ni sa renaissance

elle ne veut plus se prosterner devant ses rois
noirs comme une armée défaite

elle veut que la transformation soit grandiose

Marie-Madeleine regagne la salle d'opération

l'anesthésiste lui promet un matin magnifique

elle veut une aurore blanche, monumentale

elle veut que lui soit révélé l'extrémité du ciel, les
aboutissants de la lumière

elle veut atterrir dans les confins du pastel

elle veut vivre l'extrême aube, caresser tout ce qui
est plus grand qu'elle

elle veut être sauvée par l'immensité

elle veut la rédemption du septième ciel

Marie-Madeleine veut un autre vers, neuf onces
de poésie

les fonds vaseux des océans ont sûrement quelque
chose à lui dire

elle a oublié de les fouiller, elle divague

elle sait maintenant qu'il faut aimer les choses
autrement, croire à d'autres bourreaux, à d'autres
amants

les rivages ont besoin d'autres rivières

il faut qu'il y ait un autre ciel

STATION 13

Marie-Madeleine dépose sa tête sur la table
froide et remet son corps aux anges de la science

ses larmes glissent dans ses oreilles et elle entend
des diamants de prière éclater

le ciel coule, de grands torrents de soleil

lave de lumière

elle abandonne ses épines blanches, ses *pimps* et
ses perles noires

elle est mille et une princesses d'air immobile et
de coulée de silence

Elle veut tout entre ses mains, entre ses doigts
dans une seule prière
un seul poème

Elle est prête
toutes les couleurs de la nuit l'appellent par son
nom

elle connaît tous les recoins
elle a baptisé tous les néants
compté toutes les étoiles
giflé tous les anges
caressé tous les démons
redessiné mille fois le ciel
et le contour des ombres

elle a cartographié les murs,
lu les plafonds
embrassé les planchers

elle a trop vu de fleurs s'incendier en plein ciel
pour moins qu'une prière

elle a *génocidé* tout ce qu'il y avait d'heures, de
minutes et de secondes

le temps est une tache à effacer

Il y a tant de marteaux à bercer
et de malheurs à boire comme l'argile

toutes les marges sont à pleurer

elle se promet
que ses larmes sauront la laver de tout

STATION 14

Elle veut ressusciter, connaître les autres
dimensions, les autres cosmos, l'envers du
purgatoire, les jours et leur antidote, les autres
battements

ses orages tremblent ailleurs

elle veut accoucher d'elle, faire d'autres voyages,
danser dans les autres miroirs

elle veut faire de son visage un ciel parfait, et de
son corps, une traînée d'étoiles

Et quand elle sera Autre, elle parlera le silence,
toutes les vérités, elle le jure

les couchers de soleil seront des promesses
tenues et les horizons seront tatoués sur toutes les
paupières

la honte sera mise au bûcher et elle ne jettera plus
le blâme sur les flammes

elle gardera le feu en souvenir

elle sera toutes les couleurs et elle pardonnera le
gris

elle sera joliment avalée par le ciel

Il y aura des œillets dans les orages, des amaryllis dans les calamités

elle sera une cage brisée, à ciel ouvert

Les lits seront les plus grandes promesses du monde, et les maladies, des poèmes

le froid ne sera plus qu'un vieux fantôme qui sourira au loin et le vide n'aura jamais existé, ou si peu

les tempêtes lui auront appris toutes leurs danses et elle sera invitée à tous les bals

les couleurs seront ses paroles et les réponses qu'elle attendait depuis toujours sans le savoir

elle saura danser dans des pluies de chapelets, elle excellera en apparitions divines, elle sera sa propre prière

les saints jetteront leur tablier et partiront sur une virée

elle voudra d'elle

elle se prendra par la main et elle sera celle qu'elle doit aimer

ÉPILOGUE

Pour se faire autre sur le chemin de croix
il faut se couper les pieds sur les écailles du destin
mettre le bonheur des autres époques en bouteille
s'endormir le pouce dans la gorge et le présent
sur l'oreiller
observer la nuit, tendre la main au soir
pour le sauver

et se bercer dans ce qui n'est pas encore nommé
près des paysages à donner et des printemps à
aimer

Remerciements

J'aimerais remercier toute l'équipe des Éditions Prise de parole, et plus particulièrement Chloé Leduc-Bélanger, qui a su m'accompagner dans ce merveilleux périple au cœur de l'altérité.

Jean-Claude Larocque, grâce à toi, ce projet a pris une meilleure direction, un chemin plus lumineux. Merci de tes précieux conseils et de la lumière que tu jettes sur mes idées.

Yanik Pankrac, j'aime tant travailler avec toi. Je te remercie pour ta fougue, tes opinions et ta sagesse. Ce projet n'aurait pas été le même sans toi.

Jean-Philippe Pelchat et Mireille Piché, vous avez été les premiers à croire à ce projet. Je vous remercie d'avoir tenu ma main lorsque j'en avais besoin.

Je suis également reconnaissant à l'égard de toute ma famille. Je vous remercie de rendre mes horizons plus clairs.

TABLE DES MATIÈRES

Achevé d'imprimer
en septembre 2017 sur les presses
de l'Imprimerie Gauvin, à Gatineau (Québec).